낭송 천자문/추구

낭송Q시리즈 샛별편 낭송 천자문/추구

발행일 초판5쇄 2023년 5월 25일(癸卯年 丁巳月 癸未日)

지은이 주흥사 | **풀어 읽은이** 민태연 | **펴낸곳** 북드라망 | **펴낸이** 김현경 |
주소 서울시 종로구 사직로8길 24 1221호(내수동, 경희궁의아침 2단지)|
전화 02-739-9918 | **이메일** bookdramang@gmail.com

ISBN 979-11-86851-19-7 04150 979-11-86851-17-3(세트) | 이 도서의 국립중앙도서관 출판시도서목록(CIP)은 서지정보유통지원시스템 홈페이지(http://seoji.nl.go.kr)와 국가자료공동목록시스템(http://www.nl.go.kr/kolisnet)에서 이용하실 수 있습니다.(CIP제어번호: CIP2016005336)

책으로 여는 지혜의 인드라망, 북드라망 **www.bookdramang.com**

낭송
Q
시리즈

새별편
01

낭송 천자문/추구

주흥사
지음

민태연
풀어
읽음

우응순
감수

북드라망

▶낭송Q시리즈 샛별편 『낭송 천자문/추구』 사용설명서◀

1. '낭송Q'시리즈의 '낭송Q'는 '낭송의 달인 호모 큐라스'의 약자입니다. '큐라스'(curas)는 '케어'(care)의 어원인 라틴어로 배려, 보살핌, 관리, 집필, 치유 등의 뜻이 있습니다. '호모 큐라스'는 고전평론가 고미숙이 만든 조어로, 자기배려를 하는 사람, 즉 자신의 욕망과 호흡의 불균형을 조절하는 능력을 지닌 사람을 뜻하며, 낭송의 달인이 호모 큐라스인 까닭은 고전을 낭송함으로써 내 몸과 우주가 감응하게 하는 것이야말로 최고의 양생법이자, 자기배려이기 때문입니다(낭송의 인문학적 배경에 대해 더 궁금하신 분들은 고미숙의 『낭송의 달인 호모 큐라스』를 참고해 주십시오).

2. 낭송Q시리즈는 '낭송'을 위한 책입니다. 따라서 이 책은 꼭 소리 내어 읽어 주시고, 나아가 짧은 구절이라도 암송해 보실 때 더욱 빛을 발합니다. 머리와 입이 하나가 되어 책이 없어도 내 몸 안에서 소리가 흘러나오는 것, 그것이 바로 낭송입니다. 이를 위해 낭송Q시리즈의 책들은 모두 수십 개의 짧은 장들로 이루어져 있습니다. 암송에 도전해 볼 수 있는 분량들로 나누어 각 고전의 맛을 머리로, 몸으로 느낄 수 있도록 각 책의 '풀어 읽은이'들이 고심했습니다.

3. 최고의 양생법이자 새로운 독서법으로서의 '낭송'을 처음 세상에 알린 **낭송Q시리즈의 시즌 1**은 **동청룡·남주작·서백호·북현무편**으로 이루어져 있으며, 사계절의 기운을 담고 있는 것을 특징으로 합니다. 동청룡편에는 봄의 창조적 기운, 남주작편에는 여름의 발산력과 화려함, 서백호편에는 가을의 결단력, 북현무편에는 지혜와 상상력을 키울 수 있는 고요함을 품은 고전들이 속해 있습니다. 각 편 서두에는 판소리계 소설을, 마무리에는 네 편으로 나눈 『동의보감』을 하나씩 넣었고, 그 사이에 유교와 불교의 경전, 동아시아 최고의 명문장들을 배열했습니다.

▷ 동청룡: 『낭송 춘향전』, 『낭송 논어/맹자』, 『낭송 아함경』, 『낭송 열자』, 『낭송 열하일기』, 『낭송 전습록』, 『낭송 동의보감 내경편』

▷ 남주작 : 『낭송 변강쇠가/적벽가』, 『낭송 금강경 외』, 『낭송 삼국지』, 『낭송 장자』,

『낭송 주자어류』, 『낭송 홍루몽』, 『낭송 동의보감 외형편』

▷ 서백호 : 『낭송 흥보전』, 『낭송 서유기』, 『낭송 선어록』, 『낭송 손자병법/오자병법』, 『낭송 이옥』, 『낭송 한비자』, 『낭송 동의보감 잡병편 (1)』

▷ 북현무 : 『낭송 토끼전/심청전』, 『낭송 도덕경/계사전』, 『낭송 대승기신론』, 『낭송 동의수세보원』, 『낭송 사기열전』, 『낭송 18세기 소품문』, 『낭송 동의보감 잡병편 (2)』

4. **낭송Q시리즈 시즌 2**는 고전과 몸 그리고 일상이 조화를 이루는 훈련으로서의 낭송에 초점을 맞추었습니다. **샛별편**에는 전통시대의 초학자들이 제일 먼저 배우며 가장 오래도록 몸과 마음에 새겨놓은 고전을 담았고, 원문으로 읽는 **디딤돌편**은 몸으로 원문의 리듬을 익혀 동양 고전과 자유자재로 접속할 수 있는 힘을 키울 수 있도록 했습니다. 또 **민담·설화편**은 입에서 입으로 전해지는 낭송의 진수를 보여 주는 우리나라 각 지역의 옛날이야기들을 모았으며, **조선왕조실록편**은 조선 태조로부터 철종에 이르기까지 25대 472년간의 역사를 연월일 순서에 따라 편년체로 기록한 조선왕조실록을, **여행기편**은 근대 이전 여행의 기록들을 낭송에 맞게 새롭게 엮었습니다.

▷ 샛별편: 『낭송 천자문/추구』, 『낭송 명심보감』, 『낭송 격몽요결』, 『낭송 사자소학』

▷ 원문으로 읽는 디딤돌편: 『낭송 대학/중용』, 『낭송 주역』, 『낭송 논어』

▷ 민담·설화편: 『낭송 경기도의 옛이야기』, 『낭송 경상북도의 옛이야기』, 『낭송 경상남도의 옛이야기』, 『낭송 제주도의 옛이야기』, 『낭송 충청남도의 옛이야기』, 『낭송 충청북도의 옛이야기』

▷ 조선왕조실록편: 『낭송 태조실록』, 『낭송 태종실록』, 『낭송 세종실록』, 『낭송 성종실록』

▷ 여행기편: 『낭송 18세기 연행록』, 『낭송 19세기 연행록』

5. 이 책 『낭송 천자문/추구』는 『주해 천자문』(註解天字文, 단국대학교출판부, 1973)과 『추구·계몽편』(전통문화연구회, 2010)의 원문을 대본으로 하여 풀어 읽은이가 그 편제를 새롭게 하여 옮기고 엮은 것입니다.

차
례

천
자
문

千字文

3부

몸을 닦아 성인이 된다 44

4부

정성을 다해 부모님을 섬긴다 57

천자문

5부

6부

千
字
文

7부

패자와 영웅들 96

8부

관리가 알아야 할 덕목 112

천
자
문

9부

일상과 친교 126

10부

학문에 힘쓰라 147

추구

1부

천시와 사시 180

2부

화목한 일상 190

추구

3부

자연과 삶 202

4부

강산은 한 폭의 병풍 212

推句

5부

배꽃은 눈처럼 향기롭다 224

6부

청춘과 학문 236

낭송
천자문/추구

머리말

문장을 구성하고 낭송하여 삶과 소통하라

『천자문』千字文과 『추구』推句는 모두 조선 시대 초학자들이 공부했던 책이다. 처음 서당에 가면 『천자문』으로 낱글자를 익히고 이어서 『추구』로 문장을 배웠다. 『천자문』이 각 글자의 뜻을 익히기 위한 교재라면, 『추구』는 문장을 익히기 위한 교재였다.

이 두 책을 낭송집으로 묶은 이유가 있다. 두 책 모두 초학자들이 처음 배우는 책이지만 그 내용은 결코 초학자들만의 것은 아니라는 점이다. 『천자문』의 주 내용은 중국 문명사로 되어 있고, 『추구』는 유명한 시인들의 시로 구성되어 있다. 문장으로 풀어 읽으면 『천자문』은 하나의 동양 철학서가 되고 『추구』는 한 권의 시 모음집이 된다. 그래서 『낭송 천자문/추구』는 나이에 상관없이 누구나 낭송하기 좋은 책이다.

1. 한 편의 장대한 서사시, 『천자문』

『천자문』은 모르는 사람이 거의 없을 정도로 유명한 책이다. 위진남북조 시대 주흥사周興嗣가 지었다고 알려져 있는데 이에 관한 유명한 일화가 있다.

양나라 무제武帝 때 주흥사라는 사람이 문장을 잘 지어 왕의 총애를 받았다고 한다. 그러나 그는 그 총애에 자만했는지 큰 죄를 지어 사형을 받게 되었다. 그의 재능을 아까워한 왕이 서체 탁본 1000자를 던져 주면서 1000개의 글자를 하나도 중복되지 않게 써서 문장을 완성하면 살려주겠노라고 했다. 그것도 하루 만에 말이다. 주흥사는 죽을힘을 다해 문장을 완성했다. 얼마나 마음을 졸였는지 하룻밤 새 그의 머리가 하얗게 셌다고 한다. 그래서 『천자문』을 '백수문'白首文이라 부르기도 한다.

이렇게 탄생한 『천자문』은 4언 2구, 즉 8자로 구성된 125개의 문장에 중국의 역사와 문명이 압축되어 한 편의 장대한 서사시가 되었다. 천지와 우주의 이치부터 삼황오제에서 시작되는 문명 그리고 동양 철학의 가르침, 여포呂布와 이윤伊尹과 같은 영웅의 행적, 그리고 관리로서 어떤 마음으로 일해야 하고 은퇴해서 어떻게 살아야 하는지까지, 중국의 문명과 개인의 삶을 총망라하는 내용이 들어 있다. 이 낭송집에서는 『천자문』을 서사를 담은 문장 단위로 풀어 읽었다.

2. 자연의 다양한 모습을 노래한 시집, 『추구』

『추구』는 조선 중기부터 주로 초학자들의 문장연습용 교재로 쓰이기 시작했다. '추구'의 글자 뜻을 보면 '가릴 추推', '글귀구句', 즉 글귀를 가려 뽑아놓았다는 말인데, 여기서 글귀는 시구를 뜻한다. 한마디로 시 모음집인 셈. 주로 이백이나 도연명과 같이 중국의 유명한 시인들과 우리나라 김인후 등의 시가 실려 있는데, 엮은이가 누구인지는 알려져 있지 않다.

『추구』는 5언 4구씩 총 60개의 문장으로 구성되어 있다. 5언은 시를 짓기 가장 쉬운 형식으로, 초학자들이 문장을 연습하기에 좋다. 『추구』는 해와 달, 산과 나무, 바람 등 자연의 모습을 노래한 시들이 많아 누구나 쉽게 읽을 수 있다. 또한, 같은 소재도 여러 시인이 다채롭게 표현하여 자연의 모습을 여러 관점에서 볼 수 있다.

日月千年鏡(일월천년경) : 해와 달은 천 년의 거울처럼 빛나고
江山萬古屛(강산만고병) : 강과 산은 만고의 병풍이로다

日月籠中鳥(일월롱중조) : 해와 달은 새장 속의 새
乾坤水上萍(건곤수상평) : 하늘과 땅은 물 위의 부평초

첫번째 시는 해와 달을 거울에 비유했고 두번째 시는 두보의 시로 해와 달을 새장 속에 갇힌 새에 비유했다. 첫번째 시의 '거울' 비유는 해와 달에 대한 일반적인 표상과 별로 다르지 않다. 거울은 만물을 비추는 물체다. 해와 달은 만물을

환히 비추어서 드러나게 하여 주기 때문에 거울로 표현했다. 두번째 시에서 새는 두보 자신의 삶을 반영하고 있다. 두보는 안록산의 난을 당하여 각처로 피난을 다니면서 하루하루 힘겹게 삶을 이어가고 있었다. 해와 달은 반복해서 하늘에 떴다가 진다. 따라서 두보에게 해와 달은 어둠을 밝히는 광명이 아니라 언제 끝날지 모르는 전쟁 속에서 피난살이를 반복하는 자신처럼 보였을 것이다. 이처럼 같은 소재라도 보는 이의 처지에 따라서 해석이 달라질 수 있다는 것을 『추구』의 시들은 보여 준다.

그래서 이 책을 읽으면 자연스레 다양한 시선으로 사물을 바라보는 연습을 할 수 있다. 또한, 시에 깃들어 있는 시인의 마음을 느낄 수 있고, 은연중에 자연을 새롭게 볼 수 있는 눈도 키울 수 있을 것이다.

3. 소리 내어 외워 몸에 익히는 책

옛 초학자들은 소리 내어 책을 외우면서 공부했다. 『천자문』의 경우 낱글자를 배우는 용도로 쓰였기 때문에 뜻과 음을 무조건 외워야 했다. 『추구』도 마찬가지다. 『추구』의 문장을 통째로 외우며 익혔다. 이뿐 아니라 대부분 책을 모두 소리 내어 읽어서 입에서 술술 나올 때까지 몸에 새겼다.

이렇게 소리 내어 읽고 외우는 것은 효율적인 공부법이다. 속으로 외울 때는 오직 눈이라는 감각기관으로만 텍스트를 읽는다. 그래서 한 가지 경로로만 문장을 알 수 있다. 하지만 소리 내어 외우면 눈과 입과 귀, 세 가지 감각기관을 통해 텍스트를 익히게 되어 여러모로 문장의 의미를 파악할 수 있다. 또한, 소리 내어 읽으면 잡념이 적어져 집중하여 텍스트를 읽을 수 있다. 그래서 소리 내어 읽는 것은 눈으로 외우는 것보다 문장이 더 잘 읽힐 뿐 아니라 여러 감각을 통해 문장을 해석하여 더욱 분명하게 그 뜻을 알 수 있다.

나는 『천자문』을 처음 배울 때 한 문장을 온종일 외우며 보냈다. 당시 한 선생님에게 잘 외웠는지 검사받으며 공부했는데, 선생님은 밥 먹으러 갈 때나 산책하는 중 혹은 길 가다 만날 때마다 쉼 없이 물어 잘 외웠는지 점검했다. 나는 항상 문장을 되뇌며 대답할 준비를 해야 했다. 그렇게 외운 문장 중 『천자문』 23번째 문장 "罔談彼短(망담피단) 靡恃己長(미시기장)", '다른 사람의 단점을 말하지 말고 자기의 장점을 믿지 말라'가 있다. 한마디로 겸손하란 말이다. 나는 술술 읽을 수 있을 때까지 오랜 시간 동안 이 문장을 몸에 지니고 다니며 외웠다. 암송에 지름길은 없었다.

4. 신나는 리듬으로 암송하라

작년 가을 어린이 낭송 프로그램을 진행했다. 아이들에게 주로 『천자문』을 가르쳤는데 이야기를 들려주기도 하고 한자 뜻도 알려 주기도 했지만, 무엇보다 중점을 둔 것은 『천자문』을 낭송한 일이다. 아이들은 한 주에 한 문장씩 한글로 풀어놓은 문장을 외웠다. 벽에 『천자문』을 써 놓고 박자를 맞춰 가며 한자음으로 읽고 번역해 놓은 문장을 낭송했다. 또한, 게임을 하고 벌칙으로 『천자문』을 외우기도 하고 밥 먹으러 가는 길에서도 낭송하며 걸었다. 이렇게 한 주 한 주가 지나자 우리가 외운 문장도 많아졌는데, 이 문장들을 더 재미있게 외우기 위해 문장과 문장 사이를 구분하는 박자를 넣었다.

천지현황, 우주홍황, 짝짝짝짝,
하늘은 검고, 땅은 누르며, 우주는 넓고, 끝이 없다, 짝짝짝짝
일월영측, 진수열장, 짝짝짝짝……

박자를 넣으니 문장 사이가 구분되어 더욱 선명하게 문장이 읽혔다. 리듬감도 더해져 아이들은 신나게 『천자문』을 낭송할 수 있었다. 프로그램이 끝날 때 즈음 연구실에서 주최하는 낭송대회에 출전하게 되었다. 우리는 낭송에 탬버린, 캐스

터네츠, 트라이앵글 등 아이들이 다룰 수 있는 악기를 곁들여 『천자문』의 리듬과 악기의 리듬이 어우러져 더욱 신나게 낭송을 했다.

『천자문』은 모든 문장에 4언 2구의 일정한 리듬이 있기 때문에 아이들은 많은 문장을 몇 번만 소리 내어 읽어도 쉽게 기억할 수 있었다. 『추구』도 마찬가지로 5언 4구라는 일정한 형식으로 구성되어 있어 소리 내어 읽다 보면 누구나 자연스럽게 리듬에 맞춰 쉽게 암송할 수 있을 것이다.

이 책은 아이부터 어른까지 한자나 한시에 익숙하지 않은 모든 사람이 노래 부르듯 읽을 수 있는 책이다. 또 읽다 보면 자연스레 중국 문명도 접하게 되고 유명한 시인들의 감수성까지 느낄 수 있는 행운을 누릴 수 있다. 그러니 이 책을 일단 소리 내어 읽고, 리듬을 타고 암송하며 온몸으로 이 책과 만나보면 어떨까?

하늘은 검고 땅은 누르며

우주는 넓고 끝이 없다.

해와 달은 차고 기울며 별들은 줄지어

펼쳐져 있다.

추위가 오면 더위는 가고

가을에는 거두고 겨울에는 저장한다.

윤달이 남아 해를 이루고

율과 려로 음양의 조화를 이룬다.

구름은 하늘로 올라가 비를 만들되

이슬은 맺혀서 서리가 된다.

금은 여강에서 나고,

옥은 곤륜산에서 난다.

낭송
Q
시리즈

샛별편

천자문

千字文

천자문

1부

하늘과 땅에 만물이 가득하다

1-1.
천지와 우주

하늘은 검고 땅은 누르며,

우주는 넓고 끝이 없다.

天地玄黃

하늘천 땅지 검을현 누를황

宇宙洪荒

집우 집주 넓을홍 거칠황

1-2.
일월과 별들

해와 달은 차고 기울며
별들은 줄지어 펼쳐져 있다.

日 月 盈 昃
날일 달월 찰영 기울측

辰 宿 列 張
별진 별자리수 벌일렬 베풀장

1-3.
추위와 더위

추위가 오면 더위는 가고,

가을에는 거두고 겨울에는 저장한다.

寒 來 暑 往

찰한 올래 더울서 갈왕

秋 收 冬 藏

가을추 거둘수 겨울동 감출장

1-4.
윤달과 율려

윤달이 남아 해를 이루고

율과 려로 음양의 조화를 이룬다.

閏 餘 成 歲

윤달윤 남을여 이룰성 해세

律 呂 調 陽

곡조률 음률려 고를조 볕양

1-5.
구름과 이슬

구름은 하늘로 올라가 비가 되고
이슬은 맺혀서 서리가 된다.

雲 騰 致 雨
구름운 오를등 이를치 비우

露 結 爲 霜
이슬로 맺을결 될위 서리상

1-6.
금과 옥

금은 여강에서 나고,

옥은 곤륜산에서 난다.

金 生 麗 水

쇠금 날생 고울려 물수

玉 出 崑 岡

구슬옥 날출 산이름곤 산등성이강

1-7.
명검과 야광주

검은 거궐이 유명하고,

구슬은 야광주가 유명하다.

劍 號 巨 闕

칼검 이름호 클거 대궐궐

珠 稱 夜 光

구슬주 일컬을칭 밤야 빛광

1-8.
과일과 채소

과일 중에는 자두와 버찌가 귀하고,

채소 중에는 겨자와 생강이 중요하다.

果 珍 李 柰

과실과 보배진 오얏리 벗내

菜 重 芥 薑

나물채 무거울중 겨자개 생강강

1-9.
바닷물과 강물

바닷물은 짜고 강물은 담박하며,

물고기는 물에 잠겨 있고 새는 하늘을 난다.

海 鹹 河 淡

바다해 짤함 물하 맑을담

鱗 潛 羽 翔

비늘린 잠길잠 깃우 날상

천자문

2부

인간의 역사가 시작되다

2-1.
복희씨와 신농씨

복희씨는 용으로써 벼슬 이름을 기록하고 신농씨는 불로써 기록했다.
소호씨는 새로써 벼슬 이름을 기록하고 황제는 인간의 문명을 열었다.

龍 師 火 帝

용룡 스승사 불화 임금제

鳥 官 人 皇

새조 벼슬관 사람인 임금황

2-2.
문자와 의복

비로소 문자를 만들고

사람들이 옷을 갖추어 입었다.

始 制 文 字

비로소시 지을제 글월문 글자자

乃 服 衣 裳

이에내 옷복 옷의 치마상

2-3.
요임금과 순임금

천자의 자리와 나라를 다른 이에게 물려준 사람은
도당씨 요임금과 유우씨 순임금이다.

推位讓國
밀추 자리위 사양양 나라국

有虞陶唐
있을유 나라우 질그릇도 나라당

2-4.
주나라 무왕과 은나라 탕왕

백성을 위로하고 죄인을 벌한 사람은
주나라 무왕과 은나라 탕왕이다.

弔 民 伐 罪
조문할조 백성민 칠벌 허물죄

周 發 殷 湯
두루주 필발 성할은 끓을탕

2-5.
조정에 앉아 천하를 다스리다

조정에 앉아 도를 물으니

팔짱을 끼고 다스려도 태평성대가 이루어진다.

坐 朝 問 道

앉을좌 아침조 물을문 길도

垂 拱 平 章

드리울수 팔짱낄공 평평할평 글장

2-6.
오랑캐도 신하가 되다

백성을 사랑으로 다스리니

오랑캐도 신하가 되어 복종한다.

愛 育 黎 首

사랑애 기를육 검을려 머리수

臣 伏 戎 羌

신하신 복종할복 오랑캐융 오랑캐강

2-7.
왕에게 복종하다

멀거나 가깝거나 한 몸으로 여기니
거느리고 찾아와 왕에게 복종한다.

遐邇壹體
멀하 가까울이 한일 몸체

率賓歸王
거느릴솔 손님빈 돌아갈귀 임금왕

2-8.
태평성대에는

봉황새가 나무에서 울고

흰 망아지는 마당에서 풀을 뜯는다.

鳴 鳳 在 樹

울명 봉황새봉 있을재 나무수

白 駒 食 場

흰백 망아지구 먹을식 마당장

2-9.
임금의 은혜

임금의 가르침이 초목에까지 퍼지고

그의 은덕이 천하에 미친다.

化 被 草 木

교화화 입을피 풀초 나무목

賴 及 萬 方

힘입을뢰 미칠급 일만만 모방

천자문

3부

몸을 닦아 성인이 된다

3-1.
사대와 오상

대개 이 몸에는

네 가지 큰 것사대: 地(지), 水(수), 火(화), 風(풍)과 다섯 가지 도리오상: 仁(인), 義(의), 禮(예), 智(지), 信(신)가 있다.

蓋 此 身 髮

덮을개 이차 몸신 머리털발

四 大 五 常

넉사 큰대 다섯오 항상상

3-2.
효의 기본

키워 주신 은혜를 공손히 생각하니

어찌 감히 몸을 훼손하겠는가?

恭 惟 鞠 養

공손할공 생각할유 기를국 기를양

豈 敢 毁 傷

어찌기 감히감 헐훼 상할상

3-3.
여자와 남자의 덕

여자는 곧은 행실을 사모하고
남자는 재주 있고 어진 것을 본받아야 한다.

女慕貞烈
계집녀 사모할모 곧을정 매울렬

男效才良
사내남 본받을효 재주재 어질량

3-4.
잘못을 알면 반드시 고친다

잘못을 알면 반드시 고치고,

능함을 얻으면 잊지 말아야 한다.

知 過 必 改

알지 허물과 반드시필 고칠개

得 能 莫 忘

얻을득 능할능 말막 잊을망

3-5.
남의 단점을 말하지 말라

다른 사람의 단점을 말하지 말고,
자기의 장점을 믿지 말라.

罔 談 彼 短
말망 말씀담 저피 짧을단

靡 恃 己 長
말미 믿을시 몸기 길장

3-6.
약속

약속은 실천할 수 있어야 하고
기량은 헤아리기 어렵게 한다.

信 使 可 覆
믿을신 하여금사 옳을가 실천할복

器 欲 難 量
그릇기 하고자할욕 어려울난 헤아릴량

3-7.
묵자와 『시경』

묵자는 실이 물드는 것처럼 사람이 악에 물드는 것을 슬퍼했고
『시경』詩經 「고양」편에서는 선한 사람을 칭송했다.

墨 悲 絲 染
먹묵 슬플비 실사 물들일염

詩 讚 羔 羊
시경시 칭송할찬 염소고 양양

3-8.
현인과 성인

행실을 크게 하면 현자가 되고
생각을 깊게 하면 성인이 된다.

景 行 維 賢
클경 다닐행 오직유 어질현

克 念 作 聖
능할극 생각할념 지을작 성인성

3-9.
덕과 명성

덕이 서면 명성이 나고

몸가짐이 단정하면 겉모습이 바르게 된다.

德建名立

덕덕 세울건 이름명 설립

形端表正

모양형 끝단 겉표 바를정

3-10.
골짜기에 메아리가 울리듯

빈 골짜기에 메아리가 울리고

텅 빈 집에서 소리가 잘 들린다.

空 谷 傳 聲

빌공 골짜기곡 전할전 소리성

虛 堂 習 聽

빌허 집당 익힐습 들을청

3-11.
화와 복

재앙은 악한 행동을 쌓은 데서 오고,

복은 선한 행동에서 온다.

禍 因 惡 積

재앙화 인할인 악할악 쌓을적

福 緣 善 慶

복복 인연연 착할선 경사경

3-12.
촌음을 아껴라

한 자나 되는 큰 구슬이 보배가 아니니,

한 치의 짧은 시간이라도 아껴야 한다.

尺 璧 非 寶

자척 구슬벽 아닐비 보배보

寸 陰 是 競

마디촌 그늘음 이시 다툴경

4부

정성을 다해 부모님을 섬긴다

4-1.
부모를 섬기는 마음으로

부모를 섬기는 마음으로 임금을 섬기니
이것을 엄숙함과 공경함이라 한다.

資 父 事 君
바탕자 아비부 섬길사 임금군

曰 嚴 與 敬
일컬을왈 엄할엄 더불여 공경할경

4-2.
효와 충

효도는 마땅히 힘을 다해야 하고

충성은 목숨을 바쳐야 한다.

孝當竭力

효도효 마땅할당 다할갈 힘력

忠則盡命

충성충 곧즉 다할진 목숨명

4-3.
부모님을 섬기는 사람은

깊은 연못가에 있는 듯 살얼음을 밟는 듯 조심하고,
일찍 일어나 부모님께서 따뜻한지 서늘한지 살핀다.

臨 深 履 薄
임할**림** 깊을**심** 밟을**리** 얇을**박**

夙 興 溫 凊
이를**숙** 일어날**흥** 따뜻할**온** 서늘할**청**

4-4.
군자의 덕은

난초처럼 향기롭고

소나무처럼 무성하다.

似蘭斯馨

닮을사 난초란 이사 향기로울형

如松之盛

같을여 소나무송 갈지 성할성

4-5.
군자의 행동과 마음은

냇물이 흐르듯이 쉬지 아니 하고

맑은 연못 같은 거울이 되어야 한다.

川 流 不 息

냇물천 흐를류 아닐불 쉴식

淵 澄 取 映

못연 맑을징 취할취 비칠영

4-6.
행동과 말

행동은 사려 깊어야 하고

말은 조용하고 편안해야 한다.

容止若思

얼굴용 그칠지 같을약 생각사

言辭安定

말씀언 말씀사 편안할안 정할정

4-7.
시작과 마무리

시작을 돈독히 하는 것이 진실로 아름답고

마무리를 신중히 하는 것이 마땅히 좋다.

篤 初 誠 美

도타울독 처음초 정성성 아름다울미

愼 終 宜 令

삼갈신 마칠종 마땅할의 좋을령

4-8.
영화로운 사업의 기반

영화로운 일의 기초가 되니
명성이 퍼져 끝이 없을 것이다.

榮 業 所 基
영화영 일업 바소 토대기

籍 甚 無 竟
깔자 심할심 없을무 끝경

천자문

5부

선비가 지녀야 할 것들

5-1.
학문과 벼슬길

배움이 넉넉해지면 벼슬길에 오르고
직책을 맡아 나랏일에 종사한다.

學優登仕
배울학 넉넉할우 오를등 벼슬사

攝職從政
잡을섭 직책직 좇을종 정사정

5-2.
주나라 소공이 머물던 감당나무

감당나무를 그대로 남겨두어,

그가 떠난 뒤에도 시를 지어 칭송하였다.

存 以 甘 棠

있을존 써이 달감 아가위나무당

去 而 益 詠

갈거 말이을이 더할익 읊을영

5-3.
음악과 예절

음악은 귀하고 천함에 따라 다르고

예절은 높고 낮음을 구별한다.

樂 殊 貴 賤

음악악 다를수 귀할귀 천할천

禮 別 尊 卑

예도예 다를별 높을존 낮을비

5-4.
부창부수

웃사람이 화합하면 아랫사람이 화목하고

남편이 선창하면 아내가 따른다.

上 和 下 睦

웃상 화할화 아래하 화목할목

夫 唱 婦 隨

남편부 부를창 아내부 따를수

5-5.
스승의 가르침과 어머니의 법도

밖에서 스승의 가르침을 받고
집안에서 어머니의 법도를 받든다.

外受傅訓

밖외 받을수 스승부 가르칠훈

入奉母儀

들입 받들봉 어미모 법도의

5-6.
고모와 백부·숙부

모든 고모와 큰아버지, 작은아버지는

조카를 자기 자식처럼 대해야 한다.

諸 姑 伯 叔

모두제 고모고 맏백 아저씨숙

猶 子 比 兒

같을유 아들자 견줄비 아이아

5-7.
동기간

형과 동생이 깊이 사랑하는 것은

받은 기운이 같고 가지가 이어져 있기 때문이다.

孔懷兄弟

매우공 품을회 맏형 아우제

同氣連枝

같을동 기운기 이어질련 가지지

5-8.
친구를 사귈 때는

친구를 사귈 때는 정을 나누고

절차탁마하며 서로 일깨워 준다.

交友投分

사귈교 벗우 던질투 나눌분

切磨箴規

끊을절 갈마 경계할잠 법규

5-9.
측은하게 여기는 마음

인자하고 측은하게 여기는 마음은

잠시도 떠나게 해서는 안 된다.

仁 慈 隱 惻

어질인 사랑할자 불쌍히여길은 불쌍히여길측

造 次 弗 離

지을조 버금차 아닐불 떠날리

5-10.
절의와 청렴함

절개와 의리, 청렴과 물러남은

엎어지고 넘어져도 이지러지지 않아야 한다.

節 義 廉 退

절개절 옳을의 청렴렴 물러날퇴

顚 沛 匪 虧

엎어질전 넘어질패 아닐비 이지러질휴

5-11.
성품이 고요하면

성품이 고요하면 감정이 편안해지고,
마음이 흔들리면 정신이 피로해진다.

性 靜 情 逸
성품성 고요할정 뜻정 편안할일

心 動 神 疲
마음심 움직일동 정신신 피로할피

5-12.
참됨을 지키면

참됨을 지키면 뜻이 가득해지고,

외물을 좇으면 뜻이 흔들린다.

守眞志滿

지킬수 참진 뜻지 가득할만

逐物意移

좇을축 물건물 뜻의 옮길이

5-13.
지조를 지니면

바른 지조를 굳게 지니면

좋은 벼슬이 저절로 따라온다.

堅 持 雅 操

굳을견 가질지 바를아 지조조

好 爵 自 縻

좋을호 벼슬작 스스로자 얽어맬미

천자문

6부

조정에 인재가 모이다

6-1.
낙양과 장안

화하중국의 도읍지는

동쪽의 낙양과 서쪽의 장안이다.

都 邑 華 夏

도읍도 고을읍 빛날화 여름하

東 西 二 京

동녘동 서녘서 두이 서울경

6-2.
북망산과 위수

낙양 뒤에는 북망산, 앞에 낙수가 있고
장안에는 위수와 경수가 흐른다.

背 邙 面 洛
등배배 망산망 얼굴면 낙수락

浮 渭 據 涇
뜰부 위수위 의지할거 경수경

6-3.
궁정과 누관

궁전들은 빽빽하게 모여 있고

누각들은 높이 솟아 새가 나는 듯 놀랍다.

宮 殿 盤 鬱

집궁 대궐전 돌반 울창할울

樓 觀 飛 驚

다락루 누각관 날비 놀랄경

6-4.
궁전의 그림

곳곳에 새와 짐승을 그렸고

신선과 신령한 것들도 아름답게 그려 놓았다.

圖 寫 禽 獸

그림도 그릴사 새금 짐승수

畵 綵 仙 靈

그림화 채색할채 신선선 신령령

6-5.
병사와 장막

신하가 머무는 병사는 궁궐 가까이에 있고
임금이 머무는 장막은 기둥 사이에 마주하고 있다.

丙 舍 傍 啓
남녘병 집사 곁방 열계

甲 帳 對 楹
갑옷갑 장막장 마주할대 기둥영

6-6.
궁중의 잔치

잔치를 열어 자리를 마련하니

비파를 타고 생황을 연주한다.

肆 筵 設 席

베풀사 자리연 베풀설 자리석

鼓 瑟 吹 笙

북고 비파슬 불취 생황생

6-7.
출근하는 신하들

계단을 올라 임금의 뜰로 들어가니

관에 붙은 구슬이 흔들려 별인 듯하다.

陞 階 納 陛

오를승 계단계 들일납 뜰폐

弁 轉 疑 星

고깔변 구를전 의심할의 별성

6-8.
광내전과 승명려

오른쪽은 책을 보관하는 광내전廣內殿으로 통하고
왼쪽은 책을 만드는 승명려承明廬에 이른다.

右 通 廣 內
오른쪽우 통할통 넓을광 안내

左 達 承 明
왼쪽좌 도달할달 이을승 밝을명

6-9.
책과 인재

이미 『삼분』三墳·『오전』五典 같은 고전들을 모아 놓았고
또한 많은 영재들이 모여 있다.

既 集 墳 典
이미기 모을집 클분 법전

亦 聚 群 英
또역 모을취 무리군 꽃부리영

6-10.
초서와 예서

두조杜操의 초서草書와 종요鍾繇의 예서隸書가 있고,

공자의 옛집에서 나온 옻칠로 쓴 경전도 있다.

杜 藁 鍾 隸
막을두 짚고 쇠북종 글씨례

漆 書 壁 經
옻칠칠 글서 벽벽 경서경

6-11.
장수와 재상

관청에는 장수와 재상들이 벌여 있고,
길의 양쪽에는 삼공三公: 최고 관직의 세 벼슬과 구경九卿: 아홉의 고관직이 있다.

府 羅 將 相
관청부 벌일라 장수장 재상상
路 挾 槐 卿
길로 낄협 회화나무괴 벼슬경

6-12.
공신을 대우하다

공신에게 여덟 개의 현을 봉해 주고

그들의 집에는 천 명의 병사를 주었다.

户 封 八 縣

문호 봉할봉 여덟팔 고을현

家 給 千 兵

집가 줄급 일천천 군사병

6-13.
수레와 갓끈

높은 관을 쓴 사람이 임금의 수레를 모시니
수레를 몰면 갓끈이 휘날린다.

高冠陪輦
높을고 갓관 모실배 수레련

驅轂振纓
몰구 바퀴곡 떨칠진 갓끈영

6-14.
녹봉을 받아 부유하게 살다

대대로 녹봉을 받아 부유하게 사니
수레는 가볍고 말은 살쪄 있다.

世 祿 侈 富
인간세 녹록 사치할치 부유할부

車 駕 肥 輕
수레거 멍에가 살찔비 가벼울경

6-15.
공로를 기록하다

공신에게 상을 내려 실적에 힘쓰게 하고
비석을 만들어 명문을 새긴다.

策功茂實
꾀책 공로공 성할무 열매실

勒碑刻銘
새길륵 비석비 새길각 새길명

7부

패자와 영웅들

7-1.
강태공과 이윤

반계 강태공과 이윤은

개국을 도와 재상[阿衡]이 되었다.

磻 溪 伊 尹

돌반 시내계 저이 다슬릴윤

佐 時 阿 衡

도울좌 때시 언덕아 저울대형

7-2.
노나라의 주공 단

노나라 곡부에 터를 잡으니

주공周公 단旦이 아니면 누가 경영할까.

奄宅曲阜

문득엄 집택 굽을곡 언덕부

微旦孰營

작을미 아침단 누구숙 경영영

7-3.
제나라 환공

제齊 환공이 천하를 바로잡고 제후들과 회합하여

약한 자를 구하고 위태로운 나라를 도와주었다.

桓 公 匡 合

군셀환 벼슬공 바를광 모을합

濟 弱 扶 傾

구할제 약할약 도울부 기울경

7-4.
기리계와 부열

상산사호商山四皓: 진(秦)나라 말기, 난리를 피해 산시성 상산(商山)에 살던 4명의 인물들이 모두 눈썹과 머리카락이 희었기에 흴 호(皓) 자를 붙여 '사호'라 부름 기리계綺里季는 한나라 혜제惠帝를 원래 자리로 되돌리고, 부열傅說은 은나라 무정武丁을 감동시켰다.

綺 回 漢 惠

비단기 돌릴회 나라한 은혜혜

說 感 武 丁

기뻐할열 느낄감 용감할무 장정정

7-5.
인재와 선비

준수한 인재가 나랏일에 힘쓰니

선비가 많아 나라가 편안하다.

俊 乂 密 勿

준걸준 재주예 빽빽할밀 말물

多 士 寔 寧

많을다 선비사 이식 편안할녕

7-6.
합종과 연횡

진나라와 초나라가 번갈아 패자가 되었고,

조나라와 위나라는 연횡책으로 곤란을 겪었다.

晉 楚 更 覇

나라진 나라초 번갈아경 으뜸패

趙 魏 困 橫

나라조 나라위 곤할곤 가로지를횡

7-7.
진헌공과 진문공

진晉헌공獻公은 길을 빌려 괵나라를 멸망시켰고

진晉문공文公은 천토에서 제후들과 맹약했다.

假途滅虢

빌릴가 길도 멸할멸 나라괵

踐土會盟

밟을천 흙토 모일회 맹세할맹

7-8.
소하와 한비자

소하蕭何는 간략한 법으로써 따르게 했고

한비자韓非子는 번거로운 형벌로써 스스로를 해쳤다.

何 遵 約 法

어찌하 좇을준 간략할약 법법

韓 弊 煩 刑

나라한 해칠폐 번거로울번 형벌형

7-9.
중국의 명장들

진秦나라의 백기白起와 왕전王翦, 조趙나라의 염파廉頗와

이목李牧은

군사를 부리는 데 가장 뛰어났다.

起 翦 頗 牧

일어날기 자를전 치우칠파 기를목

用 軍 最 精

쓸용 군사군 가장최 정교할정

7-10.
위청과 곽거병

위청衛靑과 곽거병霍去病이 사막까지 위엄을 떨치니
비각에 얼굴을 그려 명예를 전했다.

宣 威 沙 漠
베풀선 위엄위 모래사 아득할막

馳 譽 丹 靑
달릴치 칭찬할예 붉을단 푸를청

7-11.
우임금과 진시황

우임금이 천하를 구주로 나누었고

진시황이 백 개의 군을 아울렀다.

九 州 禹 跡

아홉구 고을주 임금우 발자취적

百 郡 秦 幷

일백백 고을군 나라진 아우를병

7-12.
오악과 봉선

오악五岳에서는 항산과 태산이 으뜸이고,
봉선封禪: 중국 천자가 산천에 제사 지내던 일은 운운산과 정정산에서
주로 했다.

嶽 宗 恒 岱

큰산악 근본종 항상항 태산대

禪 主 云 亭

터닦을선 임금주 이를운 정자정

7-13.
중국의 변방

안문은 관문, 자새만리장성는 요새,

계전은 역참, 적성은 성벽의 이름이다.

鴈門紫塞

기러기안 문문 자주색자 변방새

鷄田赤城

닭계 밭전 붉을적 성벽성

7-14.
산과 호수

곤지는 연못, 갈석은 산의 이름이고
거야는 늪, 동정은 호수의 이름이다.

昆 池 碣 石
맏곤 연못지 비석갈 돌석

鉅 野 洞 庭
클거 들야 마을동 뜰정

7-15.
먼 산과 깊은 물

중국 땅은 드넓고 멀며

산봉우리는 높고 물은 아득히 깊다.

曠 遠 綿 邈

빌광 멀원 이을면 멀막

巖 岫 杳 冥

바위암 산봉우리수 아득할묘 어두울명

천자문

8부

관리가 알아야 할 덕목

8-1.
농사가 근본이다

정치는 농사를 근본으로 하니
심고 거두는 일에 힘쓴다.

治本於農
다스릴치 근본본 어조사어 농사농
務玆稼穡
힘쓸무 이자 심을가 거둘색

8-2.
봄에 할 일

남쪽 밭에서 일을 시작하니

나는 기장과 피를 심는다.

俶載南畝

비로소숙 일할재 남쪽남 밭이랑묘

我藝黍稷

나아 심을예 기장서 피직

8-3.
가을에 할 일

익은 곡식으로 세금을 내고 새것을 공물로 바치니
권장하고 상을 주며 내쫓기도 하고 올려주기도 한다.

稅熟貢新

세금세 익힐숙 바칠공 새신

勸賞黜陟

권할권 상줄상 물리칠출 오를척

8-4.
맹자와 사어

맹자는 타고난 바탕을 두터이 하고

사어는 곧은 말을 지켰다.

孟軻敦素

맏맹 수레가 두터울돈 바탕소

史魚秉直

역사사 물고기어 잡을병 곧을직

8-5.
중용의 도

중용의 도에 가까워지려면

노력하고 겸손하며 삼가고 또 삼가야 한다.

庶 幾 中 庸

거의서 얼마기 가운데중 항상할용

勞 謙 謹 勅

수고할로 겸손할겸 삼갈근 삼갈칙

8-6.
소리와 이치

음악소리를 들어 이치를 살피고

행동을 보고 상황을 판단한다.

聆 音 察 理

들을령 소리음 살필찰 이치리

鑑 貌 辨 色

볼감 모양모 분별할변 빛색

8-7.
후손에게 남기는 것

후손에게 아름다운 계책을 남기니
공경히 계승하는 데 힘써야 한다.

貽 厥 嘉 猷

끼칠이 그것궐 아름다울가 꾀유

勉 其 祗 植

힘쓸면 그기 공경할지 심을식

8-8.
자신을 살핀다

자신을 살펴서 항상 경계하고

임금의 총애가 더할수록 더욱 삼가야 한다.

省 躬 譏 誡

살필성 몸궁 나무랄기 경계할계

寵 增 抗 極

사랑할총 더할증 겨룰항 다할극

8-9.
위태로움과 부끄러움

위태롭고 욕된 일에 빠지는 것은 부끄러운 일이니
자연으로 물러나 몸을 지켜야 한다.

殆辱近恥
위태로울태 욕될욕 가까울근 부끄러울치

林皐幸卽
수풀림 언덕고 다행행 나아갈즉

8-10.
관직을 버린 두 사람

한나라의 소광疏廣과 소수疏受는 위태로움을 보고
인끈을 풀고 떠났으니 누가 막겠는가.

兩 疏 見 機
둘량 뜷릴소 볼견 기미기

解 組 誰 逼
풀해 인끈조 누구수 핍박할핍

8-11.
벼슬에서 물러나 조용히 산다

외로이 살며 한가로이 머무니

잠잠하며 조용하고 고요하다.

索 居 閒 處

쓸쓸할삭 살거 한가할한 곳처

沈 默 寂 寥

잠길침 잠잠할묵 고요할적 쓸쓸할료

8-12.
옛것을 구하다

옛것을 구하여 의논하고

세상일을 잊고 소요한다.

求 古 尋 論

구할구 옛고 찾을심 의논할론

散 慮 逍 遙

흩어질산 생각려 거닐소 노닐요

8-13.
기쁨과 슬픔

기쁜 일은 생겨나고 잡념은 보내며
슬픈 일은 사라지고 즐거움이 찾아온다.

欣 奏 累 遣
기쁠흔 아뢸주 폐끼칠루 보낼견

慼 謝 歡 招
슬플척 물러갈사 기쁠환 부를초

9부

일상과 친교

9-1.
연못과 동산

연못에 연꽃은 선명히 빛나고,
동산의 풀들은 가지를 뻗어 나간다.

渠 荷 的 歷
도랑거 연꽃하 선명할적 지낼력

園 莽 抽 條
동산원 풀망 뽑을추 가지조

9-2.
비파나무와 오동나무

비파나무는 오래도록 푸르고

오동나무는 일찍 시든다.

枇 杷 晩 翠

비파나무비 비파나무파 늦을만 푸를취

梧 桐 早 凋

오동나무오 오동나무동 일찍조 시들조

9-3.
가을에서 겨울로

묵은 뿌리가 말라 시들고

낙엽은 이리저리 나부낀다.

陳根委翳

묵을진 뿌리근 버릴위 말라죽을예

落葉飄颻

떨어질락 잎엽 날릴표 나부낄요

9-4.
곤어와 붕새

바다에서 노닐던 곤어는 홀로 떠돌다가

붕새가 되어 붉은 하늘로 치솟는다.

遊鯤獨運

놀유 곤어곤 홀로독 움직일운

凌摩絳霄

업신여길릉 갈마 붉을강 하늘소

9-5.
탐독가 왕충*

시장의 책방에서 책읽기를 즐기는데,

눈으로 한 번 보면 주머니와 상자에 담아둔 듯하였네.

耽 讀 翫 市

즐길탐 읽을독 익힐완 시장시

寓 目 囊 箱

붙일우 눈목 주머니낭 상자상

* 왕충(王充) : 중국 후한대의 사상가로 책 읽기를 좋아하였지만 책을 살 돈이 없어 시장의 책방에서 책을 읽었는데, 기억력이 좋아 한 번만 보고도 책의 내용을 외웠다고 함.

9-6.
말을 가벼이 하지 말라

말을 쉽고 가볍게 하는 것을 두려워해야 하니
담장에도 듣는 귀가 있기 때문이다.

易 輶 攸 畏
쉬울이 가벼울유 곳유 두려울외

屬 耳 垣 墻
붙일속 귀이 담원 담장

9-7.
소박하게 밥을 먹다

반찬을 소박하게 갖추어 밥을 먹으니

입에 맞아 배를 채우네.

具 膳 飧 飯

갖출구 반찬선 밥손 밥반

適 口 充 腸

맞을적 입구 채울충 창자장

9-8.
시장이 반찬

배가 부르면 좋은 음식도 싫고

굶주리면 술지게미와 쌀겨도 만족스럽다.

飽 飫 烹 宰

배부를포 배부를어 삶을팽 고기재

飢 厭 糟 糠

주릴기 만족할염 술지게미조 겨강

9-9.
친척과 옛친구를 대접할 때

친척과 오랜 친구는

늙고 젊음에 따라 음식을 다르게 대접한다.

親 戚 故 舊

친할친 친척척 옛고 옛구

老 少 異 糧

늙을로 젊을소 다를이 양식량

9-10.
집안의 여인들

집안의 여인들은 옷감을 짜고

방 안에서는 남편의 시중을 든다.

妾 御 績 紡

첩첩 모실어 길쌈적 길쌈방

侍 巾 帷 房

모실시 수건건 장막유 방방

9-11.
비단 부채와 은빛 촛불

비단 부채는 둥글고 깨끗하며
은빛 촛불은 밝게 빛난다.

紈 扇 圓 潔
흰비단환 부채선 둥글원 맑을결

銀 燭 煒 煌
은은 촛불촉 빛날위 빛날황

9-12.
편안한 생활

낮에 졸고 저녁에 잠드는 곳은

상아로 장식한 푸른 대나무 침상이다.

晝 眠 夕 寐

낮주 잘면 저녁석 잠잘매

藍 筍 象 牀

쪽빛람 죽순순 코끼리상 평상상

9-13.
잔치를 열다

현악기를 연주하고 술로 잔치를 여니
잔을 들고 서로 권한다.

絃 歌 酒 讌
줄현 노래할가 술주 잔치연

接 杯 擧 觴
이을접 잔배 들거 술잔상

9-14.
춤을 추니

손을 들고 발을 구르며 춤을 추니

기쁘고 또 편안하다.

矯 手 頓 足

들교 손수 두드릴돈 발족

悅 豫 且 康

기쁠열 기쁠예 또차 편안할강

9-15.
맏아들이 대를 잇다

맏아들이 대를 이어서 집안을 계승하니

제사조상제사와 증제겨울제사와 상제가을제사를 지낸다.

嫡 後 嗣 續

맏이적 뒤후 이을사 이을속

祭 祀 蒸 嘗

제사제 제사사 겨울제사증 가을제사상

9-16.
제사를 지내다

이마를 조아려 두 번 절하고

공경을 다하여 조상님을 대한다.

稽顙再拜

조아릴계 이마상 두번재 절배

悚懼恐惶

두려울송 두려울구 두려울공 두려울황

9-17.
편지 쓰는 법

편지는 간단하게 용건을 전하고
안부인사와 답장은 자세히 한다.

牋牒簡要

편지전 문서첩 간결할간 구할요

顧答審詳

안부할고 대답답 살필심 자세할상

9-18.
인간의 본성

몸에 때가 끼면 목욕할 것을 생각하고

뜨거운 것을 잡으면 차가운 것을 원한다.

骸垢想浴

뼈해 때구 생각할상 목욕할욕

執熱願凉

잡을집 뜨거울열 원할원 서늘할량

9-19.
나귀와 송아지

나귀와 노새, 송아지와 소는

놀라서 뛰고 달린다.

驢 騾 犢 特

나귀려 노새라 송아지독 소특

駭 躍 超 驤

놀랄해 뛸약 뛰어넘을초 달릴양

9-20.
도적을 처벌하다

도적을 처벌하고 죽이며

배반하고 도망친 자들은 잡아들인다.

誅 斬 賊 盜

벨주 벨참 해칠적 훔칠도

捕 獲 叛 亡

잡을포 얻을획 배반할반 도망할망

천자문

10부

학문에 힘쓰라

10-1.
중국의 능력자들

여포呂布는 활을 잘 쏘았고, 웅의료熊宜僚는 공을 잘 다루었으며,
혜강嵇康은 거문고를 잘 탔고, 완적阮籍은 휘파람을 잘 불었다.

布射僚丸
베포 쏠사 동료료 탄환환

嵇琴阮嘯
산이름혜 거문고금 성완 휘파람소

10-2.
중국의 발명가들

몽염蒙恬은 붓을 만들고, 채륜蔡倫은 종이를 만들었다. 마균馬鈞은 지남거指南車: 남쪽을 가리키는 수레를 만들었고, 임공자任公子는 낚시에 뛰어났다.

恬 筆 倫 紙

편안할념 붓필 인륜륜 종이지

鈞 巧 任 釣

서른근균 공교할교 맡길임 낚시조

10-3.
세상을 이롭게 한 사람들

분란을 해결하고 세상을 이롭게 했으니
모두 아름답고 대단한 사람들이다.

釋紛利俗
풀석 어지러울분 이로울리 풍속속

竝皆佳妙
아우를병 다개 아름다울가 묘할묘

10-4.
절세미녀 모장과 서시

모장毛嬙과 서시西施의 자태가 아름다우니
눈썹을 찡그렸으나 예뻤고 웃음이 고왔다.

毛 施 淑 姿
털모 베풀시 맑을숙 모양자

工 嚬 妍 笑
뛰어날공 찡그릴빈 고울연 웃을소

10-5.
일 년은 화살같이

일 년은 화살같이 빠르게 지나가고
햇빛은 밝게 빛난다.

年 矢 每 催
해년 활시 매양매 재촉할최

羲 暉 朗 曜
복희씨희 빛날휘 밝을랑 빛날요

10-6.
혼천의

혼천의로 하늘을 측정하니

달은 찼다가 기울고 순환하며 비춘다.

璇 璣 懸 斡

옥선 구슬기 매달현 돌알

晦 魄 環 照

그믐회 넋백 고리환 비칠조

10-7.
복을 닦아라

땔나무를 불속에 밀어 넣듯 복을 닦으면
오래도록 편안하고 길함이 높아질 것이다.

指 薪 修 祜
손가락지 땔나무신 닦을수 복우

永 綏 吉 劭
길영 편안할수 길할길 높을소

10-8.
조정에 오를 때

걸음걸이를 바르게 하고 옷차림을 단정히 하여
조정에 오르고 내린다.

矩 步 引 領

법구 걸음보 이끌인 옷깃령

俯 仰 廊 廟

구부릴부 우러를앙 행랑랑 사당묘

10-9.
조정의 관리들

관복에 띠를 두르고 장엄함을 드러내니

오고갈 때 백성들이 우러러본다.

束 帶 矜 莊

묶을속 띠대 자랑할긍 엄숙할장

徘 徊 瞻 眺

배회할배 배회할회 볼첨 바라볼조

10-10.
고루하고 과문하면

홀로 공부하여 융통성이 없고 견문이 좁으면
어리석은 사람과 꾸짖음을 함께 받는다.

孤 陋 寡 聞
외로울고 더러울루 적을과 들을문

愚 蒙 等 誚
어리석을우 어릴몽 같을등 꾸짖을초

10-11.
어조사들

어조사로 말해지는 것은

언, 재, 호, 야이다.

謂 語 助 者

이를위 말씀어 도울조 놈자

焉 哉 乎 也

어찌언 어조사재 어조사호 어조사야

부록

천자문 원문 읽기 연습

※ 부록에서는 천자문의 한문 원문만을 모아서 독음 연습을 해볼 수 있도록 했습니다. 다음 페이지부터는 각 페이지의 오른쪽 편을 종이 등으로 가리고 한자만 보면서 읽는 연습을 해보세요. 반대로 왼쪽 편을 가리고 독음만을 보면서 연습노트를 따로 마련해 쓰기 연습을 해볼 수도 있습니다. 또한 각 구절의 해석을 찾아보기 편하도록 구문의 독음 끝에 해석이 나오는 본문 쪽수를 달아 놓았습니다.

容止若思 용지약사
言辭安定 언사안정 63

篤初誠美 독초성미
愼終宜令 신종의령 64

榮業所基 영업소기
籍甚無竟 자심무경 65

學優登仕 학우등사
攝職從政 섭직종정 67

存以甘棠 존이감당
去而益詠 거이익영 68

樂殊貴賤 악수귀천
禮別尊卑 예별존비 69

上和下睦 상화하목
夫唱婦隨 부창부수 70

守眞志滿　수진지만
逐物意移　축물의이　78

堅持雅操　견지아조
好爵自縻　호작자미　79

都邑華夏　도읍화하
東西二京　동서이경　81

背邙面洛　배망면락
浮渭據涇　부위거경　82

宮殿盤鬱　궁전반울
樓觀飛驚　누관비경　83

圖寫禽獸　도사금수
畵綵仙靈　화채선령　84

丙舍傍啓　병사방계
甲帳對楹　갑장대영　85

高冠陪輦	고관배련	
驅轂振纓	구곡진영	93
世祿侈富	세록치부	
車駕肥輕	거가비경	94
策功茂實	책공무실	
勒碑刻銘	늑비각명	95
磻溪伊尹	반계이윤	
佐時阿衡	좌시아형	97
奄宅曲阜	엄택곡부	
微旦孰營	미단숙영	98
桓公匡合	환공광합	
濟弱扶傾	제약부경	99
綺回漢惠	기회한혜	
説感武丁	열감무정	100

俊乂密勿 준예밀물
多士寔寧 다사식녕 101

晉楚更覇 진초경패
趙魏困橫 조위곤횡 102

假途滅虢 가도멸괵
踐土會盟 천토회맹 103

何遵約法 하준약법
韓弊煩刑 한폐번형 104

起翦頗牧 기전파목
用軍最精 용군최정 105

宣威沙漠 선위사막
馳譽丹靑 치예단청 106

九州禹跡 구주우적
百郡秦幷 백군진병 107

嶽宗恒岱 악종항대
禪主云亭 선주운정 108

鴈門紫塞 안문자새
鷄田赤城 계전적성 109

昆池碣石 곤지갈석
鉅野洞庭 거야동정 110

曠遠綿邈 광원면막
巖峀杳冥 암수묘명 111

治本於農 치본어농
務玆稼穡 무자가색 113

俶載南畝 숙재남묘
我藝黍稷 아예서직 114

稅熟貢新 세숙공신
勸賞黜陟 권상출척 115

索居閒處　삭거한처
沈默寂寥　침묵적료　123

求古尋論　구고심론
散慮逍遙　산려소요　124

欣奏累遣　흔주누견
慼謝歡招　척사환초　125

渠荷的歷　거하적력
園莽抽條　원망추조　127

枇杷晚翠　비파만취
梧桐早凋　오동조조　128

陳根委翳　진근위예
落葉飄颻　낙엽표요　129

遊鯤獨運　유곤독운
凌摩絳霄　능마강소　130

晝眠夕寐 주면석매

藍筍象牀 남순상상 138

絃歌酒讌 현가주연

接杯擧觴 접배거상 139

矯手頓足 교수돈족

悅豫且康 열예차강 140

嫡後嗣續 적후사속

祭祀蒸嘗 제사증상 141

稽顙再拜 계상재배

悚懼恐惶 송구공황 142

牋牒簡要 전첩간요

顧答審詳 고답심상 143

骸垢想浴 해구상욕

執熱願凉 집열원량 144

璇璣懸斡 선기현알
晦魄環照 회백환조 153

指薪修祐 지신수우
永綏吉邵 영수길소 154

矩步引領 구보인령
俯仰廊廟 부앙랑묘 155

束帶矜莊 속대긍장
徘徊瞻眺 배회첨조 156

孤陋寡聞 고루과문
愚蒙等誚 우몽등초 157

謂語助者 위어조자
焉哉乎也 언재호야 158

하늘이 높으니 해와 달이 밝고
땅이 두터우니 풀과 나무가 자란다.
달이 나오니 하늘이 눈을 뜬 것이요,
산이 높으니 땅이 머리를 든 것이다.
동서는 몇만 리인가?
남북도 잴 수 없다.
하늘은 서북쪽으로 기울었고
땅은 동남쪽이 낮다.
봄이 오니 배꽃은 희고
여름이 되니 나뭇잎이 푸르다.
가을은 서늘하니 노란 국화가 피고
겨울은 차가우니 흰 눈이 내린다.
해와 달은 천년의 거울처럼 빛나고
강과 산은 만고의 병풍이다.
동쪽과 서쪽은 해와 달의 출입문이요
남과 북은 기러기가 다니는 길이다.

낭송
Q
시리즈

샛별편

추구

推句

추구

1부

천시와 사시

1-1.
하늘은 높고 땅은 두텁다

하늘이 높으니 해와 달이 밝고,
땅이 두터우니 풀과 나무가 자란다.
달이 나오니 하늘이 눈을 뜬 것이요,
산이 높으니 땅이 머리를 든 것이다.

天 高 日 月 明
하늘천 높을고 날일 달월 밝을명

地 厚 草 木 生
땅지 두터울후 풀초 나무목 날생

月 出 天 開 眼
달월 날출 하늘천 열개 눈안

山 高 地 擧 頭
메산 높을고 땅지 들거 머리두

1-2.
동서남북

동서는 몇 만 리인가?
남북도 잴 수 없다.
하늘은 서북쪽으로 기울었고
땅은 동남쪽이 낮다.

東 西 幾 萬 里
동녘동 서녘서 얼마기 일만만 거리리

南 北 不 能 尺
남녘남 북녘북 아닐불 능할능 자척

天 傾 西 北 邊
하늘천 기울경 서녘서 북녘북 가변

地 卑 東 南 界
땅지 낮을비 동녘동 남녘남 지경계

1-3.
춘하추동

봄이 오니 배꽃은 희고

여름이 되니 나뭇잎이 푸르다.

가을은 서늘하니 노란 국화가 피고

겨울은 차가우니 흰 눈이 내린다.

春 來 梨 花 白

봄춘 올래 배나무리 꽃화 흰백

夏 至 樹 葉 靑

여름하 이를지 나무수 잎엽 푸를청

秋 凉 黃 菊 發

가을추 서늘할량 누를황 국화국 필발

冬 寒 白 雪 來

겨울동 찰한 흰백 눈설 올래

1-4.
해와 달

해와 달은 천 년의 거울처럼 빛나고,
강과 산은 만고의 병풍이다.
동쪽과 서쪽은 해와 달의 출입문이요,
남과 북은 기러기가 다니는 길이다.

日 月 千 年 鏡
날일 달월 일천천 해년 거울경

江 山 萬 古 屛
강강 메산 일만만 옛고 병풍병

東 西 日 月 門
동녘동 서녘서 날일 달월 문문

南 北 鴻 雁 路
남녘남 북녘북 큰기러기홍 기러기안 길로

1-5.
사시(四時)

봄 물은 사방의 연못에 가득하고,

여름 구름은 기이한 봉우리에 많다.

가을 달은 밝은 빛을 드날리고,

겨울 산고개엔 외로운 소나무가 빼어나다.

春 水 滿 四 澤

봄춘 물수 가득찰만 넉사 못택

夏 雲 多 奇 峯

여름하 구름운 많을다 기이할기 봉우리봉

秋 月 揚 明 輝

가을추 달월 날릴양 밝을명 빛날휘

冬 嶺 秀 孤 松

겨울동 고개령 빼어날수 외로울고 소나무송

1-6.
일월과 건곤

해와 달은 새장 속의 새고,
하늘과 땅은 물위의 부평초다.
흰 구름은 산 위의 일산이고,
밝은 달은 물속의 구슬이다.

日 月 籠 中 鳥
날일 달월 새장롱 가운데중 새조

乾 坤 水 上 萍
하늘건 땅곤 물수 위상 부평초평

白 雲 山 上 蓋
흰백 구름운 메산 위상 덮을개

明 月 水 中 珠
밝을명 달월 물수 가운데중 구슬주

1-7.
달과 별

달은 우주의 촛불이고,
바람은 산하를 울리는 북이다.
달은 자루 없는 부채이고,
별은 끈 끊어진 구슬이다.

月 爲 宇 宙 燭
달월 될위 집우 집주 촛불촉

風 作 山 河 鼓
바람풍 지을작 메산 강하 북고

月 爲 無 柄 扇
달월 될위 없을무 자루병 부채선

星 作 絶 纓 珠
별성 지을작 끊을절 갓끈영 구슬주

1-8.
구름과 무지개

구름은 천 층 높이의 봉우리가 되고
무지개는 백 척 길이의 다리가 된다.
가을잎은 서리 내리기 전에 떨어지고,
봄꽃은 비 내린 뒤에 붉어진다.

雲 作 千 層 峰
구름운 지을작 일천천 층층 봉우리봉

虹 爲 百 尺 橋
무지개홍 될위 일백백 자척 다리교

秋 葉 霜 前 落
가을추 잎엽 서리상 앞전 떨어질락

春 花 雨 後 紅
봄춘 꽃화 비우 뒤후 붉을홍

1-9.
오행과 오상

봄은 사계절의 처음이요,

사람은 만물의 영장이다.

수·화·목·금·토는 오행五行이요,

인·의·예·지·신은 오상五常이다.

春 作 四 時 首

봄춘 지을작 넉사 때시 머리수

人 爲 萬 物 靈

사람인 될위 일만만 사물물 신령스러울령

水 火 木 金 土

물수 불화 나무목 쇠금 흙토

仁 義 禮 智 信

어질인 옳을의 예절예 지혜지 믿을신

추구

2부

화목한 일상

2-1.
천지인

하늘·땅·사람은 삼재요,

임금·스승·부모는 한몸이다.

하늘과 땅은 부모가 되고,

해와 달은 형제와 같다.

天 地 人 三 才

하늘천 땅지 사람인 석삼 재주재

君 師 父 一 體

임금군 스승사 아비부 한일 몸체

天 地 爲 父 母

하늘천 땅지 될위 아비부 어미모

日 月 似 兄 弟

해일 달월 닮을사 맏형 아우제

2-2.
부부와 형제

부부는 두 집안의 결합이고,
형제는 한 기운으로 이어졌다.
부모는 사랑하고 자식은 효도하며
형은 우애하고 동생은 공손해야 한다.

夫婦二姓合
지아비부 아내부 두이 성성 합할합

兄弟一氣連
맏형 아우제 한일 기운기 이을련

父慈子當孝
아비부 사랑자 아들자 마땅당 효도효

兄友弟亦恭
맏형 우애우 아우제 또역 공손할공

2-3.
부모와 자손

부모님이 천 년을 사시기를 기원하고
자손들이 만 대의 영화를 누리기를 바란다.
임금을 사랑하니 나라가 편안할 것을 바라고
나라 일을 걱정하니 매년 풍년이길 원한다.

父 母 千 年 壽
아비부 어미모 일천천 해년 오래살수

子 孫 萬 世 榮
아들자 손자손 일만만 세상세 영화로울영

愛 君 希 道 泰
사랑애 임금군 바랄희 이치도 편안할태

憂 國 願 年 豊
근심우 나라국 원할원 해년 풍성할풍

2-4.
자식이 효도하면

아내가 어질면 남편에게 어려운 일이 적고,
자식이 효도하면 부모의 마음이 편안하다.
자식이 효도하면 부모가 기뻐하고,
집안이 화목하면 모든 일이 잘 이루어진다.

妻 賢 夫 禍 少
아내처 어질현 지아비부 재앙화 적을소

子 孝 父 心 寬
아들자 효도효 아비부 마음심 너그러울관

子 孝 雙 親 樂
아들자 효도효 쌍쌍 어버이친 즐거울락

家 和 萬 事 成
집가 화목할화 일만만 일사 이룰성

2-5.
집이 그리워

집이 그리워 맑은 밤에 서성이고,
아우가 그리워 대낮에도 꿈을 꾸네.
집이 가난하면 어진 아내를 생각하고,
나라가 어지러우면 현명한 재상을 생각한다.

思 家 淸 宵 立
생각할사 집가 맑을청 밤소 설립

憶 弟 白 日 眠
생각할억 아우제 흴백 날일 잠잘면

家 貧 思 賢 妻
집가 가난할빈 생각할사 어질현 아내처

國 亂 思 良 相
나라국 어지러울란 생각할사 어질량 재상상

2-6.
군자의 절개, 장부의 마음

푸른 대나무는 군자의 절개이고,

푸른 소나무는 장부의 마음이다.

사람의 마음은 아침저녁으로 변하지만

산의 모습은 예나 지금이나 한가지다.

綠竹君子節

푸를녹 대나무죽 임금군 아들자 절개절

青松丈夫心

푸를청 소나무송 어른장 사나이부 마음심

人心朝夕變

사람인 마음심 아침조 저녁석 변할변

山色古今同

메산 빛색 옛고 이제금 같을동

2-7.
강산과 인물

강산은 만고의 주인이요,
사람은 백 년의 손님이다.
세상사는 석 자 거문고로 풀어내고,
인생은 한 잔 술로 달랜다.

江 山 萬 古 主
강강 메산 일만만 옛고 주인주

人 物 百 年 賓
사람인 만물물 일백백 해년 손님빈

世 事 琴 三 尺
세상세 일사 거문고금 석삼 자척

生 涯 酒 一 盃
살생 물가애 술주 한일 잔배

2-8.
산의 고요함

산의 고요함은 태고 때와 같고,

해가 긴 것은 소년과 같다.

고요함 속에서 하늘과 땅은 크고

한가한 가운데 해와 달은 길다.

山 靜 似 太 古

메산 고요할정 같을사 클태 옛고

日 長 如 少 年

날일 길장 같을여 적을소 나이년

靜 裏 乾 坤 大

고요할정 속리 하늘건 땅곤 큰대

閒 中 日 月 長

한가할한 가운데중 날일 달월 길장

2-9.
봄의 밭을 갈다

밭을 갈아 봄빛을 묻고
물을 길으니 달빛이 떠오른다.
서쪽 정자에는 강 위의 달,
동쪽 누각엔 눈 속의 매화.

耕田埋春色
밭갈경 밭전 묻을매 봄춘 빛색

汲水斗月光
물길을급 물수 말두 달월 빛광

西亭江上月
서녘서 정자정 강강 위상 달월

東閣雪中梅
동녘동 누각각 눈설 가운데중 매화매

2-10.
술을 마시니

술을 마시니 사람의 얼굴이 붉어지고
풀을 뜯으니 말의 입이 푸르다.
고량주는 사람의 얼굴을 붉게 하고
황금은 관리의 마음을 검게 물들인다.

飮 酒 人 顔 赤
마실음 술주 사람인 얼굴안 붉을적

食 草 馬 口 靑
먹을식 풀초 말마 입구 푸를청

白 酒 紅 人 面
흰백 술주 붉을홍 사람인 얼굴면

黃 金 黑 吏 心
누를황 쇠금 검을흑 관리리 마음심

2-11.
노인과 어린아이

노인은 지팡이를 짚으며 가고
어린아이는 죽마를 타고 온다.
사내 종은 땔나무를 지고 가고
계집 종은 물을 길어 온다.

老 人 扶 杖 去
늙을노 사람인 붙들부 지팡이장 갈거

小 兒 騎 竹 來
작을소 아이아 말탈기 대나무죽 올래

男 奴 負 薪 去
사내남 종노 질부 땔나무신 갈거

女 婢 汲 水 來
계집녀 여자종비 길을급 물수 올래

추구

3부

자연과 삶

3-1.
벼루를 씻고 차를 끓이니

벼루를 씻으니 물고기가 먹물을 삼키는 듯하고,
차를 끓이니 학이 연기를 피하는 듯하다.
소나무는 손님을 맞이하는 일산이 되고,
달은 책을 읽는 등불이 된다.

洗 硯 魚 呑 墨
씻을세 벼루연 물고기어 삼킬탄 먹묵

煮 茶 鶴 避 煙
끓일자 차다 학학 피할피 연기연

松 作 延 客 蓋
소나무송 지을작 맞을연 손님객 일산개

月 爲 讀 書 燈
달월 될위 읽을독 글서 등잔등

3-2.
바람은 대숲에서 거문고가 되고

꽃이 떨어져도 아까워 비질하지 못하고

달빛이 밝으니 좋아서 잠을 이루지 못한다.

달은 구름 사이에서 거울이 되고

바람은 대나무 숲에서 거문고가 된다.

花 落 憐 不 掃

꽃화 떨어질락 불쌍히여길련 아닐불 쓸소

月 明 愛 無 眠

달월 밝을명 사랑할애 없을무 잠잘면

月 作 雲 間 鏡

달월 지을작 구름운 사이간 거울경

風 爲 竹 裡 琴

바람풍 될위 대나무죽 속리 거문고금

3-3.
물을 뜨니 달이 손 안에

물을 한움큼 뜨니 달이 손 안에 있고
꽃을 가까이하니 향기가 옷에 가득하다.
깊은 밤에도 등불 앞은 대낮처럼 밝고
유월에도 정자 밑은 가을처럼 시원하다.

掬水月在手
움켜쥘국 물수 달월 있을재 손수

弄花香滿衣
희롱할롱 꽃화 향기향 가득찰만 옷의

五夜燈前晝
다섯오 밤야 등잔등 앞전 낮주

六月亭下秋
여섯륙 달월 정자정 아래하 가을추

3-4.
세월이 흐르면

세월이 흐르면 사람의 머리는 희어지고
가을이 오면 나뭇잎은 노랗게 물든다.
비가 온 뒤의 산은 머리를 감은 듯하고
바람이 불면 풀은 취한 듯 흔들린다.

歲 去 人 頭 白
해세 갈거 사람인 머리두 흰백

秋 來 樹 葉 黃
가을추 올래 나무수 잎엽 누를황

雨 後 山 如 沐
비우 뒤후 메산 같을여 머리감을목

風 前 草 似 醉
바람풍 앞전 풀초 같을사 취할취

3-5.
흥은 한 잔 술에

사람은 천 리 밖에 떨어져 있어도
흥은 한 잔 술에 담겨 있다.
봄의 흥취는 분별이 없지만
사람의 정은 깊고 얕음이 있다.

人分千里外
사람인 나눌분 일천천 거리리 바깥외

興在一杯中
일어날흥 있을재 한일 잔배 가운데중

春意無分別
봄춘 뜻의 없을무 나눌분 나눌별

人情有淺深
사람인 정정 있을유 얕을천 깊을심

3-6.
산이 깊어진 자리

꽃이 떨어지기 전까지가 봄이요,
산이 깊어진 자리에 절이 있다.
산 밖에 산이 이어져 다함이 없고,
길은 길로 이어져 끝이 없다.

花落以前春
꽃화 떨어질락 써이 앞전 봄춘

山深然後寺
메산 깊을심 그러할연 뒤후 절사

山外山不盡
메산 바깥외 메산 아닐불 다할진

路中路無窮
길로 가운데중 길로 없을무 다할궁

3-7.
해가 저물고 날이 차가우니

해가 저무니 푸른 산은 멀어 보이고,
날씨가 차가우니 초가집이 쓸쓸하다.
작은 동산에는 꾀꼬리 노래 그치고,
긴 문에는 춤추는 나비가 많다.

日 暮 蒼 山 遠
날일 저물모 푸를창 메산 멀원

天 寒 白 屋 貧
하늘천 추울한 흰백 집옥 가난할빈

小 園 鶯 歌 歇
작을소 동산원 꾀꼬리앵 노래가 쉴헐

長 門 蝶 舞 多
길장 문문 나비접 춤출무 많을다

3-8.
꿈꾸기 어려운 밤

창에 바람 불어 등불이 쉽게 꺼지고,
집에 달빛이 들어 꿈을 꾸기 어렵다.
해가 저무니 닭은 횃대에 오르고,
날이 차가우니 새들은 처마로 깃든다.

風 窓 燈 易 滅
바람풍 창창 등잔등 쉬울이 꺼질멸

月 屋 夢 難 成
달월 집옥 꿈몽 어려울난 이룰성

日 暮 鷄 登 塒
날일 저물모 닭계 오를등 횃대시

天 寒 鳥 入 簷
하늘천 찰한 새조 들입 처마첨

3-9.
넓은 들판과 맑은 강물

들이 넓으니 하늘이 나무 위에 낮게 드리우고
강물이 맑으니 달이 사람에게 가까이 다가온다.
바람은 기러기 떼를 몰고 가고
달은 외로운 배를 전송한다.

野曠天低樹
들야 넓을광 하늘천 낮을저 나무수

江淸月近人
강강 맑을청 달월 가까울근 사람인

風驅群飛雁
바람풍 몰구 무리군 날비 기러기안

月送獨去舟
달월 보낼송 홀로독 갈거 배주

추구

4부

강산은 한 폭의 병풍

4-1.
가랑비와 산들바람

가랑비가 내리는 것은 연못 가운데서 볼 수 있고,
산들바람 부는 것은 나무 끝에서 알 수 있다.
꽃은 웃어도 소리는 들리지 않고,
새는 울어도 눈물은 보기 어렵다.

細 雨 池 中 看
가늘세 비우 못지 가운데중 볼간

微 風 木 末 知
작을미 바람풍 나무목 끝말 알지

花 笑 聲 未 聽
꽃화 웃을소 소리성 아닐미 들을청

鳥 啼 淚 難 看
새조 울제 눈물루 어려울난 볼간

4-2.
백로와 꾀꼬리

백로는 천 점의 눈이 모인 듯하고,

누런 꾀꼬리는 한 조각 금이다.

복숭아꽃과 자두꽃은 천 개 베틀의 비단 같고,

강산은 한 폭의 그림 같은 병풍이다.

白 鷺 千 點 雪

흰백 백로로 일천천 점점 눈설

黃 鶯 一 片 金

누를황 꾀꼬리앵 한일 조각편 쇠금

桃 李 千 機 錦

복숭아도 자두리 일천천 베틀기 비단금

江 山 一 畵 屛

강강 메산 한일 그림화 병풍병

4-3.
노는 달을 펴 올리고

새는 연못가 나무에서 잠들고,

스님은 달빛 아래 문을 두드린다.

노는 물결 아래 달을 펴 올리고

배는 물 속의 하늘을 누른다.

鳥 宿 池 邊 樹

새조 잘숙 못지 가장자리변 나무수

僧 敲 月 下 門

중승 두드릴고 달월 아래하 문문

棹 穿 波 底 月

노도 뚫을천 물결파 밑저 달월

船 壓 水 中 天

배선 누를압 물수 가운데중 하늘천

4-4.
높은 산과 넓은 들판

높은 산에는 흰 구름 일어나는데
넓은 들에는 아름다운 풀이 푸르다.
물은 하늘과 이어져 함께 푸른데
바람은 달과 더불어 모두 맑다.

高 山 白 雲 起
높을고 메산 흰백 구름운 일어날기

平 原 芳 草 綠
평평할평 들원 꽃다울방 풀초 푸를록

水 連 天 共 碧
물수 이을련 하늘천 함께공 푸를벽

風 與 月 雙 淸
바람풍 더불어여 달월 쌍쌍 맑을청

4-5.
산 그림자와 달빛

산 그림자는 밀어내도 나가지 않고
달빛은 쓸어내도 다시 생긴다.
물새는 떠 있다가 다시 잠기고
산 구름은 끊겼다가 다시 이어진다

山 影 推 不 出
메산 그림자영 밀퇴 아닐불 나갈출

月 光 掃 還 生
달월 빛광 쓸소 돌아올환 날생

水 鳥 浮 還 沒
물수 새조 뜰부 돌아올환 잠길몰

山 雲 斷 復 連
메산 구름운 끊을단 다시부 이을련

4-6.
달이 움직이고 해가 저무니

달이 움직이니 산 그림자 바뀌고,

해가 저무니 누각의 흔적 사라진다.

하늘이 높아서 올라가도 잡을 수 없고,

꽃이 시드니 나비가 오지 않는다.

月 移 山 影 改

달월 옮길이 메산 그림자영 고칠개

日 下 樓 痕 消

해일 아래하 누각루 흔적흔 사라질소

天 長 去 無 執

하늘천 길장 갈거 없을무 잡을집

花 老 蝶 不 來

꽃화 늙을로 나비접 아닐불 올래

4-7.
초승달과 유성

초승달은 장군의 활이요,
유성은 장사의 화살이다.
땅을 비질하니 황금이 나오고,
대문을 여니 많은 복이 들어온다.

初 月 將 軍 弓
처음초 달월 장수장 군사군 활궁

流 星 壯 士 矢
흐를류 별성 장사장 선비사 화살시

掃 地 黃 金 出
쓸소 땅지 누를황 쇠금 날출

開 門 萬 福 來
열개 문문 일만만 복복 올래

4-8.
새와 닭

새는 꽃 사이의 나비를 쫓고,

닭은 풀 속의 벌레를 쪼아 먹는다.

새소리가 시끄러우니 뱀이 나무에 오른 것이고,

개가 짖어대니 손님이 문에 이른 것이다.

鳥 逐 花 間 蝶

새조 쫓을축 꽃화 사이간 나비접

鷄 爭 草 中 蟲

닭계 다툴쟁 풀초 가운데중 벌레충

鳥 喧 蛇 登 樹

새조 시끄러울훤 뱀사 오를등 나무수

犬 吠 客 到 門

개견 짖을폐 손님객 이를도 문문

4-9.
푸른 바다는 황룡의 집

높은 봉우리는 하늘을 버티고 서 있고,
긴 강은 땅을 가르며 흘러간다.
푸른 바다는 황룡의 집이요,
푸른 소나무는 백학의 누각이다.

高 峯 撐 天 立
높을고 봉우리봉 버틸탱 하늘천 설립

長 江 割 地 去
길장 강강 나눌할 땅지 갈거

碧 海 黃 龍 宅
푸를벽 바다해 누를황 용용 집택

靑 松 白 鶴 樓
푸를청 소나무송 흰백 학학 누각루

4-10.
달과 바람과 별과 낙엽

달은 오동나무 위에 뜨고,
바람은 버드나무 끝에 분다.
별들은 푸른 하늘에 벌려 있고,
지는 잎은 가을 산에 흩날린다.

月 到 梧 桐 上
달월 이를도 오동나무오 오동나무동 위상

風 來 楊 柳 邊
바람풍 올래 버들양 버들류 가장자리변

群 星 陣 碧 天
무리군 별성 진칠진 푸를벽 하늘천

落 葉 戰 秋 山
떨어질락 잎엽 싸울전 가을추 메산

4-11.
시냇물과 소나무

잠긴 물고기는 맑은 물에서 뛰어 오르고,
예쁜 새는 높은 가지에서 운다.
비 온 뒤 시냇물은 비파소리를 내고,
바람 앞의 소나무는 거문고를 연주한다.

潛 魚 躍 清 波
잠길잠 물고기어 뛸약 맑을청 물결파

好 鳥 鳴 高 枝
예쁠호 새조 울명 높을고 가지지

雨 後 澗 生 瑟
비우 뒤후 시냇물간 날생 비파슬

風 前 松 奏 琴
바람풍 앞전 소나무송 연주할주 거문고금

추구

5부

배꽃은 눈처럼 향기롭다

5-1.
말과 소

말은 하루에 천 리를 달릴 수 있고,

소는 하루에 백 이랑의 밭을 갈 수 있다.

말이 달리니 망아지가 뒤를 따르고,

소가 밭을 가니 송아지는 들판에 누워 있다.

馬 行 千 里 路

말마 갈행 일천천 거리리 길로

牛 耕 百 畝 田

소우 밭갈경 일백백 이랑무 밭전

馬 行 駒 隨 後

말마 갈행 망아지구 따를수 뒤후

牛 耕 犢 臥 原

소우 밭갈경 송아지독 누울와 들원

5-2.
개와 닭의 발자국

개가 눈길을 달리니 매화꽃이 떨어진 듯하고,
닭이 걸어가니 대나무 잎을 그린 듯하다.
죽순은 누런 송아지 뿔 같고,
고사리순은 어린아이 주먹 같다.

狗 走 梅 花 落
개구 달릴주 매화매 꽃화 떨어질락

鷄 行 竹 葉 成
닭계 갈행 대나무죽 잎엽 이룰성

竹 筍 黃 犢 角
대나무죽 죽순순 누를황 송아지독 뿔각

蕨 芽 小 兒 拳
고사리궐 싹아 작을소 아이아 주먹권

5-3.
한 마리 기러기

하늘 맑으니 한 마리 기러기 멀리 날아가고,
바다가 넓으니 외로운 돛단배 더디 간다.
꽃은 문장 나무에서 피어나고,
달은 장원봉에서 뜬다.

天 清 一 雁 遠
하늘천 맑을청 한일 기러기안 멀원

海 闊 孤 帆 遲
바다해 넓을활 외로울고 돛단배범 더딜지

花 發 文 章 樹
꽃화 필발 글문 글장 나무수

月 出 壯 元 峰
달월 날출 장할장 으뜸원 봉우리봉

5-4.
버드나무와 배나무

버드나무 잎은 황금같이 곱고
배나무 꽃은 흰 눈처럼 향기롭다.
푸르른 물은 갈매기 앞의 거울이고
푸른 소나무는 학 뒤의 병풍이다.

柳 色 黃 金 嫩
버드나무류 빛색 누를황 쇠금 고울눈

梨 花 白 雪 香
배리 꽃화 흰백 눈설 향기향

綠 水 鷗 前 鏡
푸를록 물수 갈매기구 앞전 거울경

靑 松 鶴 後 屛
푸를청 소나무송 학학 뒤후 병풍병

5-5.
비와 바람

비는 창포 잎을 칼처럼 갈고,

바람은 버드나무 가지를 머리칼처럼 빗질한다.

물오리는 푸른 바다를 밭 가는 듯 떠다니고,

백로는 푸른 산을 가로질러 온다.

雨 磨 菖 蒲 刀

비우 갈마 창포창 부들포 칼도

風 梳 楊 柳 髮

바람풍 빗질할소 버들양 버드나무류 터럭발

鳧 耕 蒼 海 去

오리부 밭갈경 푸를창 바다해 갈거

鷺 割 青 山 來

백로로 나눌할 푸를청 메산 올래

5-6.
꽃과 벌

꽃이 붉어지니 누런 벌들이 웅웅대고,
풀이 푸르니 백마가 좋아한다.
산에 내리는 비는 밤에 대나무를 울리고,
풀벌레는 가을에 침상으로 들어온다.

花 紅 黃 蜂 鬧
꽃화 붉을홍 누를황 벌봉 시끄러울료

草 綠 白 馬 嘶
풀초 푸를록 흰백 말마 울시

山 雨 夜 鳴 竹
메산 비우 밤야 울명 대나무죽

草 蟲 秋 入 牀
풀초 벌레충 가을추 들입 침상상

5-7.
서리 내린 단풍

아득한 물은 하늘과 이어져 푸르고,
서리 내린 단풍은 해를 향해 붉어진다.
산은 외로운 둥근 달을 토해내고,
강은 만 리의 바람을 품고 있다.

遠 水 連 天 碧
멀원 물수 이을련 하늘천 푸를벽

霜 楓 向 日 紅
서리상 단풍나무풍 향할향 해일 붉을홍

山 吐 孤 輪 月
메산 토할토 외로울고 바퀴륜 달월

江 含 萬 里 風
강강 머금을함 일만만 거리리 바람풍

5-8.
국화와 꾀꼬리

이슬이 맺히니 천 조각의 구슬이요,
떨어진 국화잎은 한 무더기 황금 같다.
흰나비는 어지러이 날리는 눈과 같고
누런 꾀꼬리는 조각조각 금과 같다.

露 凝 千 片 玉
이슬로 엉길응 일천천 조각편 구슬옥

菊 散 一 叢 金
국화국 흩어질산 한일 모일총 쇠금

白 蝶 紛 紛 雪
흰백 나비접 어지러울분 어지러울분 눈설

黃 鶯 片 片 金
누를황 꾀꼬리앵 조각편 조각편 쇠금

5-9.
첩첩산중 깊은 골짜기

깊은 골짜기에는 꽃이 늦게 피고,
첩첩산중에는 물소리 그윽하다.
얼음이 녹으니 물고기가 뛰어오르기 시작하고,
바람이 따뜻해지니 기러기가 돌아가려 한다.

洞 深 花 意 懶
골짜기동 깊을심 꽃화 뜻의 게으를라

山 疊 水 聲 幽
메산 거듭첩 물수 소리성 그윽할유

氷 解 魚 初 躍
얼음빙 풀릴해 물고기어 처음초 뛸약

風 和 雁 欲 歸
바람풍 온화할화 기러기안 바랄욕 돌아갈귀

5-10.
숲의 바람과 새벽 달

숲의 바람 시원함이 끊이지 않고,

산 위에 뜬 달은 새벽에도 밝다.

죽순의 끝은 붓처럼 뾰족하고,

솔잎은 바늘처럼 가늘다.

林 風 凉 不 絶

수풀림 바람풍 서늘할량 아닐불 끊어질절

山 月 曉 仍 明

메산 달월 새벽효 인할잉 밝을명

竹 筍 尖 如 筆

대나무죽 죽순순 뾰족할첨 같을여 붓필

松 葉 細 似 針

소나무송 잎엽 가늘세 같을사 바늘침

5-11.
거문고와 화로

물고기 희롱에 어린 연잎 흔들리고,
새가 흩어지니 남은 꽃잎도 떨어진다.
거문고는 눈물에 젖었어도 여전히 줄은 울리고,
화로는 차가워졌어도 불기운은 남아 있다.

魚 戲 新 荷 動
물고기어 희롱할희 새로울신 연꽃하 움직일동

鳥 散 餘 花 落
새조 흩어질산 남을여 꽃화 떨어질락

琴 潤 絃 猶 響
거문고금 젖을윤 줄현 오히려유 소리향

爐 寒 火 尚 存
화로로 찰한 불화 오히려상 있을존

추구

6부

청춘과 학문

6-1.
기러기와 무지개

봄에는 북쪽, 가을엔 남쪽에 있는 것은 기러기요,
아침에는 서쪽, 저녁엔 동쪽에 있는 것은 무지개다.
버드나무 그늘엔 꾀꼬리가 손님이 되고,
활짝 핀 꽃에는 나비가 신랑이 된다.

春北秋南雁
봄춘 북녘북 가을추 남녘남 기러기안

朝西暮東虹
아침조 서녘서 저물모 동녘동 무지개홍

柳幕鶯爲客
버드나무류 장막막 꾀꼬리앵 될위 손님객

花房蝶作郎
꽃화 방방 나비접 될작 신랑랑

6-2.
햇빛과 바람

햇빛은 시냇물 위에 넘실대고,

바람 빛은 풀 사이사이에 떠 있다.

밝은 달은 소나무 사이를 비추고,

맑은 샘물은 돌 위를 흐른다.

日 華 川 上 動

날일 빛날화 내천 위상 움직일동

風 光 草 際 浮

바람풍 빛광 풀초 사이제 뜰부

明 月 松 間 照

밝을명 달월 소나무송 사이간 비칠조

清 泉 石 上 流

맑을청 샘천 돌석 위상 흐를류

6-3.
푸른 소나무와 흰 구름

푸른 소나무는 길 양쪽에서 자라고,
흰 구름은 처마 끝에 머물러 있다.
연꽃에 부는 바람은 향기를 전해 오고,
대나무의 이슬은 맑은 소리를 낸다.

青 松 夾 路 生

푸를청 소나무송 낄협 길로 날생

白 雲 宿 檐 端

흰백 구름운 머무를숙 처마첨 끝단

荷 風 送 香 氣

연꽃하 바람풍 보낼송 향기향 기운기

竹 露 滴 淸 響

대나무죽 이슬로 물방울적 맑을청 소리향

6-4.
귀뚜라미와 오동나무

골짜기가 곧으니 바람이 급하게 불고,
산이 높으니 달이 천천히 뜬다.
귀뚜라미는 빈 방에서 울고,
오동잎은 가을 우물에 떨어진다.

谷 直 風 來 急
골짜기곡 곧을직 바람풍 올래 급할급

山 高 月 上 遲
메산 높을고 달월 위상 더딜지

蟋 蟀 鳴 洞 房
귀뚜라미실 귀뚜라미솔 울명 골짜기동 방방

梧 桐 落 金 井
오동나무오 오동나무동 떨어질락 쇠금 우물정

6-5.
산이 높아도, 강이 깊어도

산이 높아도 소나무 아래에 있고,
강이 깊어도 모래 위로 흐른다.
어젯밤 비에 꽃이 피더니,
오늘 아침 바람에 떨어진다.

山 高 松 下 立
메산 높을고 소나무송 아래하 설립

江 深 沙 上 流
강강 깊을심 모래사 위상 흐를류

花 開 昨 夜 雨
꽃화 열개 어제작 밤야 비우

花 落 今 朝 風
꽃화 떨어질락 이제금 아침조 바람풍

6-6.
가뭄에 단비 만나듯

큰 가뭄에 단비 내리듯
타향에서 고향 친구를 만난다.
호랑이를 그려도 뼈는 그리기 어렵고,
사람을 알고 지내도 마음은 알 수 없다.

大旱得甘雨
큰대 가물한 얻을득 달감 비우

他鄕逢故人
다를타 시골향 만날봉 옛고 사람인

畵虎難畵骨
그릴화 범호 어려울난 그릴화 뼈골

知人未知心
알지 사람인 아닐미 알지 마음심

6-7.
학문은 천 년의 보배

물은 흘러가면 다시 돌아오지 않고,

말은 한 번 뱉으면 다시 거두기 어렵다.

학문을 하는 것은 천 년의 보배가 되고,

물건을 탐하는 것은 하루아침의 먼지와 같다.

水 去 不 復 回

물수 갈거 아닐불 다시부 돌아올회

言 出 難 更 收

말씀언 날출 어려울난 다시갱 거둘수

學 文 千 載 寶

배울학 글문 일천천 해재 보배보

貪 物 一 朝 塵

탐할탐 만물물 한일 아침조 티끌진

6-8.
하루라도 책을 안 읽으면

문장하면 이태백이요,

글씨는 왕희지가 유명하다.

하루라도 책을 읽지 않으면,

입 안에 가시가 돋는다.

文 章 李 太 白

글문 글장 자두나무리 클태 흰백

筆 法 王 羲 之

쓸필 법법 임금왕 복희씨희 갈지

一 日 不 讀 書

한일 날일 아닐불 읽을독 글서

口 中 生 荊 棘

입구 가운데중 날생 가시형 가시극

6-9.
청춘은 다시 오지 않는다

꽃은 매년 다시 피지만,

사람은 다시 소년이 될 수 없다.

세월을 헛되이 보내지 말라

청춘은 다시 오지 않는다.

花 有 重 開 日

꽃화 있을유 거듭중 열개 날일

人 無 更 少 年

사람인 없을무 다시갱 젊을소 해년

白 日 莫 虛 送

흰백 날일 말막 빌허 보낼송

靑 春 不 再 來

푸를청 봄춘 아닐불 다시재 올래